ROSETTE POLETTI

PRÉFACE DE PIERRE PRADERVAND

ACCEPTER CE QUI EST

... et vivre debout

JouVence

De la même autrice aux Éditions Jouvence

La Résilience
Être proche-aidant, c'est apprendre à danser sous la pluie
Petit Cahier d'exercices : Le lâcher-prise
Mon Cahier poche : J'atteins la sagesse

Catalogue gratuit sur simple demande

ÉDITIONS JOUVENCE

France: BP 90107 – 74160 Saint-Julien-en-Genevois Cedex
Suisse: Route de Florissant, 97 – 1206 Genève
Site Internet: www.editions-jouvence.com
Mail : info@editions-jouvence.com

ISBN : 978-2-88953-365-7

Dessin de couverture : Aurélie de La Pontais
Maquette de couverture : Antartik
Couverture : Éditions Jouvence
Mise en pages : SIR

Sommaire

« Chacun de nous crée sa propre réalité
par sa façon de regarder et d'interpréter
les événements, les personnes
et les circonstances de sa vie.
Chacun peut choisir de ne pas être victime,
d'assumer l'entière responsabilité
de son existence, quelles que soient
les circonstances de cette dernière. »

Pierre PRADERVAND

Préface

Il y a bien des années, j'avais acheté un appareil d'exercice qui permettait de faire chez soi les mouvements du ski de fond (similaire aux vélos d'appartement). Je me suis lancé avec un enthousiasme total dans ce nouvel exercice. Sans doute ai-je forcé la dose, car au bout d'une quinzaine de jours, j'ai commencé à sentir de fortes douleurs dans la région cardiaque et fus saisi d'un épuisement total. Même me lever d'une chaise me coûtait un effort ! Je me suis traîné dans l'appartement comme cela pendant trois jours.

Puis, un jour, à midi, une impulsion provenant du plus profond de mon être me propulsa debout et, les bras écartés, face à la vue superbe que nous avons depuis une grande baie vitrée, j'ai dit « OUI, OUI, OUI... », vigoureusement et à haute voix, *à tout ce qui entrait dans ma vie.*

Non seulement la fatigue et les douleurs disparurent instantanément, mais je découvris la force incroyable du OUI face à la vie. Souvent, il m'arrive en marchant dans la rue de dire « OUI, OUI, OUI... » à chaque deuxième pas – mais pas à haute voix ! Cette expérience est devenue l'apprentissage le plus important de toute mon existence.

Dans ce livre précieux, Rosette Poletti, la grande dame du développement personnel en Suisse Romande, nous invite à vivre dans le « oui » face à la vie, plutôt que dans le non, la révolte et le refus. Cette attitude positive a déjà transformé des milliers de vies !

Dans son livre phare, *Le pouvoir du moment présent*, Eckhart Tolle fait l'affirmation étonnante : « Quoi que le moment présent contienne, *acceptez-le comme si vous l'aviez choisi* » (passage que nous soulignons). Et dans son dernier livre qui vient de paraître en anglais, *Une nouvelle terre*, il fait même l'affirmation stupéfiante suivante :

« Nous sommes certains d'une chose : la vie vous fournira l'expérience même qui est la plus utile pour l'évolution de votre conscience. Et comment savez-vous que c'est l'expérience dont vous avez besoin ? Parce que c'est l'expérience que vous vivez en ce moment. »

Un des choix les plus fondamentaux de la vie est la décision de se considérer comme totalement responsable de sa vie – ou victime des événements. Rosette Poletti souligne clairement que la victime, parce qu'elle reste dans la complainte, l'apitoiement sur soi, la révolte, est incapable d'accepter ce qui est. Or, comme il a été souvent dit, on n'est adulte que le jour où l'on a totalement accepté la responsabilité de sa vie… et pardonné à ses parents.

La personne responsable, la personne qui accepte ce qui est, choisit de voir la coupe à moitié pleine. La personne victime choisit de voir la coupe à moitié vide.

C'est un choix, chère lectrice, cher lecteur, que vous pouvez opérer consciemment, et ce sera peut-être le choix le plus fondamental de votre vie : vivre dans le positif ou le négatif, le grand OUI cosmique face à la vie ou le non, dans l'acceptation ou le refus.

Une de mes très chères amies vécut un des mariages les plus difficiles que je n'en ai jamais connus, qui se termina finalement par le divorce. Elle et son mari avaient retapé une vieille ferme en France. Légalement, elle avait droit à un tiers de la valeur de la maison, mais son mari refusait de lui donner quoi que ce soit, ou même de lui en laisser la jouissance. Elle était italienne, lui anglais. Ils résidaient à l'époque dans le Jura… le scénario idéal pour un imbroglio juridique parfait ! Elle décida de lâcher prise, *d'accepter ce qui était.* Elle retourna les clés à son ex, avec un très gentil mot lui souhaitant beaucoup de bonheur et le bénissant dans cette demeure où elle avait investi les meilleures énergies de sa jeunesse pendant tant d'années.

Quelques jours plus tard, elle recevait d'un homme qu'elle venait de rencontrer dans le cadre d'une organisation humanitaire dans laquelle les deux étaient volontaires… les clés de son chalet dans un des plus beaux sites des Alpes bernoises et celle de son appartement surplombant un lac superbe avec une vue garantie sur des montagnes. Lui ignorait, bien sûr, tout ce qui concernait la vieille ferme. Elle avait *de bonne grâce* lâché une demeure, la vie lui en redonnait deux!

Parfois, les gens pensent qu'accepter ce qui est constitue une attitude passive, presque fataliste, alors que c'est l'exact contraire qui est le cas. Comme Rosette Poletti le souligne si clairement dans ses récits, il faut infiniment plus de force intérieure pour vraiment accepter ce qui est que pour se révolter ou sombrer dans la passivité et la déprime.

L'exemple le plus étonnant d'acceptation de ce qui est nous est donné par ce condamné à mort noir du Texas, Roger McGowen, cité par l'auteur, avec lequel nous correspondons depuis huit ans. Il affirme:

> «Nous sommes responsables de tout ce qui entre dans notre vie, car les choses même que nous acceptons dans nos vies, forment nos vies. *C'est nous qui choisissons* si ces choses proviennent de l'enfer ou du ciel.»

En février 2001, Roger nous écrivait que la Providence avait un plan *parfait* pour sa vie. Dans une autre lettre, il ajoutait que le ciel l'avait mis à l'endroit qu'il fallait pour remplir ce qui était sa tâche sur terre ! Et personnellement, nous connaissons peu d'endroits sur cette terre plus proches de l'enfer que le couloir de la mort du Alan Polunsky Unit à Livingston, Texas. Or, en 2003, apparaissait son livre qui est en train de bouleverser des centaines de vies à travers la planète. Il est devenu un maître de vie pour d'innombrables personnes, à commencer pour moi-même.

Soyons clairs. Roger ne dit pas OUI au couloir de la mort, cela va de soi. Mais il dit OUI à la prise de conscience que la vie va lui apprendre exactement la leçon qu'il a besoin d'apprendre, s'il accepte ce qui est. De même qu'un chômeur ne va pas dire oui au chômage, mais oui à l'*apprentissage* important que la vie lui réserve à travers cette expérience.

À mon humble avis, ce grand OUI cosmique face à la vie, cette acceptation de ce qui est reposent sur le fait qu'il doit exister un principe d'harmonie fondamental qui, en fin de compte, tire les ficelles dans cet univers extraordinaire où nous vivons. Je dis souvent que je n'ai pas assez de foi pour être athée. Car croire que cet univers étonnant, peuplé de dizaines de milliards de galaxies – chacune contenant des milliards d'étoiles – ou simplement que notre corps, avec ses milliards de cellules collaborant si harmonieusement, est le résultat du hasard, dépasse l'imagination – en tout cas la nôtre !

Un pèlerin part de très bon matin sur la route. Le temps semble très incertain. Il croise un berger et lui demande quel temps il fera. « Il va faire exactement le temps que j'aime », répond ce dernier au pèlerin médusé. « Comment pouvez-vous dire qu'il va faire exactement le temps que vous aimez, alors que le temps semble très incertain ? » demande ce dernier. « En trente ans, comme berger, j'ai appris à aimer exactement le temps qu'il fera. »

Merci à Rosette Poletti de nous accompagner sur notre route et de nous aider à accepter exactement le temps qu'il fera. C'est exactement le temps qu'il nous faut pour progresser vers la prochaine étape.

Merci, la Vie!

Pour croître, j'ai besoin de pluie autant que de soleil!

Pierre PRADERVAND
Auteur de *Apprendre à s'aimer*,
Le Grand oui à la vie !,
Le Bonheur, ça s'apprend et *Plus Jamais victime*,
tous parus aux Éditions Jouvence.

« L'acceptation fait mûrir.
L'acceptation fortifie.
L'acceptation libère. »

Placide Gaboury

Introduction

Il était une fois dans une lointaine contrée, un père éploré qui tenait dans ses bras sa fille dernière-née. Cet enfant n'avait pas pu satisfaire sa faim depuis plusieurs jours et son père craignait pour sa vie.

Depuis des mois, il n'avait pas plu et les sorciers ne prévoyaient aucun nuage pour encore de longs mois. Alors, ce père nommé « Homme Droit » dans la langue de son pays, rassembla tous les hommes valides. Il leur rappela qu'il y avait au centre du village un arbre immense qui produisait toute l'année des fruits en abondance. Ces fruits, personne ne les cueillait car on savait depuis l'aube des temps que l'une des branches centrales de l'arbre donnait de bons fruits alors que l'autre branche produisait des fruits vénéneux apportant la mort. Au cours des siècles, on avait oublié quel était le bon côté.

« Homme Droit » dit aux autres hommes du village :

« Voici, ma fille va mourir et je ne peux pas m'y résoudre. Alors, je vais monter dans l'arbre, je mangerai du fruit. Si je suis sur le bon côté, je vivrai et ferai vivre tout le village qui apaisera sa faim avec ces fruits dont l'arbre se couvre chaque nuit. Si je suis du mauvais côté, je mourrai, et vous saurez alors que c'est de l'autre côté de l'arbre qu'il faut cueillir les fruits. Si je meurs, promettez-moi que vous sauverez ma fille, que vous la nourrirez. »

Ainsi, cela fut fait. « Homme Droit » monta sur l'arbre, prit un fruit, le mangea et… vécut ! Dès ce moment-là, le village prospéra. Quelques mois plus tard, la pluie revint et les champs verdirent. Tout semblait aller pour le mieux.

Mais une nuit de pleine lune, des jeunes hommes du village se réunirent. Ils parlèrent du grand arbre et déplorèrent que celui-ci porte deux sortes de fruits. Ils ne pouvaient accepter que le danger de l'erreur entre les deux sortes de fruits persiste. Alors, ils décidèrent d'aller scier la branche qui donnait de mauvais fruits. Ainsi, cela fut fait. Fiers de leur action, ils allèrent se coucher.

Au matin, quel ne fut pas l'effroi des villageois : l'arbre tout entier était mort, les bons fruits jonchaient le sol avec les mauvais. L'extraordinaire ressource du village n'était plus !

Ce fut une terrible perte. Les anciens du village tout attristés disaient :

> « Les jeunes hommes n'ont pas compris qu'il n'y a pas de bien sans mal, de paix sans guerre, de vérité sans mensonge et de bonheur sans souffrance. C'est ainsi que la vie est faite et la sagesse la plus profonde consiste à accepter ce qui est. »
>
> *Adaptation d'un conte traditionnel*

Depuis le fond des âges, les humains connaissent la souffrance. Parfois, elle a été si intense, qu'ils ont désiré la mort. À d'autres moments, les circonstances extérieures étaient plus favorables et pourtant, la souffrance était toujours présente. Elle n'était plus provoquée par les circonstances extérieures, mais par ce désir insensé d'être quelqu'un d'autre ou de posséder autre chose que ce que l'on a.

Les grandes religions ont tenté de trouver et d'enseigner des réponses à ces innombrables insatisfaits, souvent avec succès. Qu'il s'agisse du détachement, de l'acceptation de son karma, du paradis qui permettra de compenser tout ce que l'on n'a pas eu ici-bas, le message dominant était : votre souffrance n'est là que pour un temps, après, autre chose de bien meilleur vous attend. On retrouve cette idéologie religieuse aujourd'hui encore chez tous les fanatiques.

Les grands systèmes politiques ont apporté leur manière de voir : « Travaillez fort camarades, les lendemains qui chantent vous attendent et vos enfants en jouiront », ou autre variante : « Devenez les meilleurs, devenez des gagnants, quand on veut, on peut ! »

Les systèmes de santé évolués ont repris le flambeau : « Vous vous sentez tristes, vides de sens, nous avons la solution pour vous, une molécule chimique va vous aider, vous serez en pleine forme, et vous pourrez continuer votre route sans trop vous poser de questions. »

À certains moments, recevoir un traitement médicamenteux peut être tout à fait approprié et même nécessaire. Le danger réside dans l'illusion qu'on peut soigner la souffrance comme on soignerait une infection, en utilisant le bon antibiotique.

Sortir de la souffrance, c'est tout d'abord l'accepter, *accepter ce qui est.* De notre naissance à notre mort, la vie ne nous apporte pas forcément ce que nous désirons. Est-ce la vie qui est à modifier ? Ou est-ce à chacun de nous d'accepter ce qui est pour pouvoir aller de l'avant ? Accepter ce qui est, ce n'est pas un projet définitif. Ce n'est pas « être fataliste », *accepter ce qui est, juste pour le moment, c'est la seule manière de pouvoir, éventuellement, changer, modifier ce qui est.*

Lorsqu'une personne, un groupe, une population devient capable d'accepter que

« ce qui a eu lieu a eu lieu », la colère cesse, la révolte s'apaise et la créativité peut à nouveau s'exercer en vue de trouver des pistes, des stratégies, des solutions.

Tout cela paraît simple à première vue ! Pourquoi donc est-ce si difficile à vivre ? Comment développer sa capacité d'acceptation positive ?

C'est tout cela que le petit ouvrage que vous tenez entre les mains vous invite à considérer.

Chapitre 1

Pourquoi les humains n'acceptent-ils pas la réalité, ce qui est ?

Parce que très souvent, ils ont appris qu'il y avait une bonne manière de faire les choses, de vivre, de manifester sa vérité. Parce qu'ils ont appris à ne pas voir ce qui est, mais plutôt ce qu'ils croient qu'ils doivent voir. Dans les années 1970, une psychothérapeute très connue, pionnière de la thérapie de famille, avait résumé magistralement cette situation en postulant cinq libertés que l'être humain devait apprendre à se donner pour vivre pleinement. Pour Virginia Satir, la première des libertés consiste à « voir et entendre ce qui est, au lieu de ce qui devrait être, avoir été ou se produire ».

Accepter ce qui est, c'est pouvoir faire abstraction, temporairement, de tout ce qu'on nous a dit à propos de cette réalité, c'est être capable d'entrer en contact avec elle avec le minimum de filtres et de programmations mentales.

Voir et entendre ce qui est, cela paraît si simple et pourtant notre interprétation fait obstruction : nous voyons en fonction de ce que nous croyons que nous devrions voir, nous entendons en fonction de ce que nous croyons que nous devrions entendre.

Une mère de famille, dont le fils de 22 ans présentait de gros troubles psychologiques, avait accepté, pendant quatre ans, de voir ce fils quitter ses études, rompre avec son amie, dormir de longues heures durant la journée, se renfermer sur lui-même et, pour finir, ne plus quitter sa chambre, avant de chercher de l'aide pour ce jeune homme.

Lorsque des amies ou membres de la famille s'inquiétaient du sort de ce garçon, la mère soulignait à quel point il avait été fatigué lors de la préparation de son baccalauréat et qu'il était normal qu'il se repose et prenne un peu de temps pour décider de son avenir.

Cette femme ne voulait pas voir la réalité, elle ne pouvait pas entendre les remarques de ses proches. Elle voyait son fils comme un étudiant fatigué, parce que c'était cette image-là qui lui convenait. Les observations de l'entourage lui semblaient autant de remarques malveillantes qu'elle ne recevait pas.

Voir et entendre ce qui est! « Je ne suis pas alcoolique! Je bois un peu le soir après le travail pour me détendre », explique le père de famille qui ingurgite une bouteille de whisky en deux jours. Il n'y a pas de solution possible lorsqu'on ne peut pas accepter ce qui est, lorsqu'on ne se permet pas de voir et d'entendre ce qui est.

La deuxième liberté est « oser dire ce que nous ressentons et pensons, au lieu de ce que nous croyons que nous devrions ressentir et penser ».

Tant de gens n'ont pas cette liberté personnelle. Ainsi, ce qu'ils disent n'est pas ce qui est, ce n'est pas ce qu'ils ressentent et pensent vraiment, mais ce que leurs programmations mentales leur font croire qu'il serait adéquat de ressentir et de penser.

Tant de vies sont gâchées parce que des hommes et des femmes de tous âges, de toutes conditions n'ont pas cette liberté de dire ce qu'ils ressentent et ce qu'ils pensent ! Que ce soit dans la famille, le couple, la vie professionnelle ou les relations amicales, tant d'êtres humains ont appris à ne dire que ce qui leur semble convenir à la situation et aux personnes avec lesquelles ils se trouvent !

Cela commence dans l'éducation lorsque les parents ne sont pas aptes à écouter ni à dialoguer ou lorsqu'ils se mettent en colère si l'enfant dit sincèrement ce qu'il pense ou ressent au lieu d'entendre, de recevoir le message et d'apprendre à l'enfant à s'exprimer avec bienveillance. Puis, cela continue dans la vie familiale et sociale, tout particulièrement dans les couples où l'un des partenaires prend le pouvoir, en instaurant une sorte de terrorisme émotionnel, « obligeant » l'autre à filtrer tout ce qu'il dit et souvent à exprimer autre chose que ce qu'il pense et ressent.

« Quel temps fait-il ?
— Le temps que Monsieur voudra ! »

Cette situation est beaucoup plus fréquente qu'on ne l'imagine !

La troisième liberté consiste à se permettre de ressentir ce que l'on ressent, plutôt que ce qu'on croit qu'on devrait ressentir. Lorsque dans un couple, par exemple, l'amour a disparu, que l'un des conjoints ne ressent plus d'amour pour l'autre, il arrive qu'il se persuade qu'*il doit* ressentir de l'amour et qu'il ne se permette pas d'être vraiment en contact avec ce qu'il ressent, créant ainsi une relation et un discours faussés l'empêchant de considérer ce qui est et, peut-être, de l'accepter pour pouvoir construire autre chose.

La quatrième liberté est celle de demander clairement ce que nous voulons au lieu d'attendre qu'on nous donne une hypothétique possibilité de le faire.

À cause de leur éducation, de leurs croyances, nombreux sont ceux qui vivent dans une illusion douloureuse, croyant à tort, que cette illusion est la réalité. Ils n'ont pas ce qu'ils désirent, ils vivent mal parce qu'ils s'interdisent de faire part de leurs besoins et de leurs désirs.

Finalement, la cinquième liberté consiste à prendre des risques en son propre nom, au lieu de ne rechercher que la sécurité et l'immobilisme.

Selon leurs capacités de voir la réalité et de l'accepter, les humains vont se donner le droit d'entreprendre, d'agir, de prendre des risques calculés ou, au contraire, ils vont vivre confinés et amputés de toute ambition.

Ainsi, développer la capacité d'être réellement en contact avec la réalité, d'être dans le moment présent, permet, peu à peu d'accepter ce qui est, pour décider ensuite du chemin à prendre.

Se priver des cinq libertés indiquées ci-dessus, c'est vivre dans un monde imaginaire et douloureux, c'est se sentir enfermé dans un certain nombre de mythes ou croyances erronés si répandus qu'on les prend pour des vérités absolues, c'est avoir des attentes exigeantes et, la plupart du temps, déçues, concernant la vie quotidienne, les autres et soi-même.

Le philosophe québécois Placide Gaboury, dans son ouvrage *La fidélité à soi,* écrit :

> « Nous voulons toujours autre chose que ce qui est. Nous persistons à croire que le sens de la vie, comme le bonheur, est ailleurs, dans quelque chose que l'on cherche aveuglément. À cause de cela, tout apparaît un non-sens… Le sens se trouve dans la situation actuelle, que l'on rejette, refuse et fuit. »

Chapitre 2

Les croyances erronées par lesquelles nous vivons et qui empêchent d'accepter ce qui est

Dès qu'il ouvre les yeux sur le monde qui l'entoure, l'enfant commence à être conditionné. Il entre en contact avec une réalité : son environnement ; avec des relations privilégiées : sa famille (ou ce qui lui en tient lieu) ; avec des sons, des odeurs, des couleurs, des émotions.

Dès qu'il comprend les mots, il mémorise des consignes : « Pas comme ça ! », « Attention, tu vas tomber ! », « C'est bien, continue ! », « C'est méchant, c'est gentil ».

Petit à petit, son monde se structure, le bien et le mal, le juste et le faux, le beau et le laid, les valeurs importantes et celles qui sont à rejeter, ce qui est souhaitable et désirable, ce qui ne l'est pas, tout cela se met en place dans son cerveau.

« La réalité », filtrée par la perception et l'interprétation de ceux qui l'entourent, lui est communiquée. Parfois, l'enfant réalise que quelque chose cloche, que ce qu'il voit et entend ou ressent ne coïncide pas vraiment avec ce qui lui est décrit, mais la plupart du temps, il accepte l'interprétation qui lui est transmise et n'ose pas dire qu'à son avis « l'empereur est nu ».

Ainsi, en grandissant, cette personne s'attendra à ce que la réalité qu'elle rencontre coïncide avec ce qu'on lui a décrit et lorsqu'elle s'apercevra que ce n'est pas le cas, elle choisira peut-être d'en vouloir à la vie, aux autres, à elle-même et parfois à Dieu de lui « donner » autre chose que ce qu'elle attend.

Parmi les croyances erronées transmises de génération en génération, certaines sont fréquentes. On trouve, par exemple, la croyance au prince charmant.

Une lectrice du journal où je publiais une rubrique psychologique hebdomadaire, m'écrivait récemment :

« J'ai 37 ans, je suis désespérée. Je veux me marier et avoir des enfants et c'est le dernier moment pour moi. Malheureusement, je n'ai pas encore trouvé l'homme qui pourrait me rendre heureuse et qui serait un bon père pour mes enfants. J'ai eu quelques aventures sans lendemain car les hommes que je voyais ne présentaient pas les garanties de sérieux que je souhaitais… »

La lettre continuait et sollicitait des conseils pour trouver une solution.

Ce qui frappe dans ce témoignage, c'est tout d'abord la croyance erronée que quelqu'un d'extérieur peut nous rendre heureux, que le prince charmant existe quelque part et qu'un jour, il va arriver sur son cheval blanc. Alors, le temps passe et un jour, trop tard, la « princesse » sort de son « sommeil » et réalise que le prince charmant n'existe pas, pas plus que le Père Noël et que c'est à elle de partir à la recherche d'un être humain imparfait.

Il existe aussi des hommes qui attendent « la princesse charmante », ils sont un peu moins nombreux puisque, culturellement, ils ont appris que c'est à eux de faire le premier pas.

« Attendre le prince charmant », c'est une métaphore qui n'est pas qu'en relation avec l'accouplement.

Tant de gens « attendent », ils ne voient pas la réalité, ils n'y vivent pas, et, par conséquent, ils ne peuvent pas l'accepter. Pour eux, le « prince charmant », c'est le billet de loterie qu'ils achètent chaque semaine et qui changerait leur vie ; c'est cette carrière extraordinaire que feront leurs enfants et qui les vengeront de tous leurs échecs ; c'est Dieu, la Vierge ou les Saints qui viendront les délivrer de leur mal-être d'un coup de baguette magique ; c'est ce traitement esthétique qui les rendra beaux et désirables, moyennant 20000 euros plus tard !

La croyance erronée qu'on pourrait nommer « le mythe du prince charmant » cause d'innombrables difficultés : il empêche le contact avec la réalité et par là, diminue la possibilité de trouver des solutions aux problèmes de la vie.

Renoncer à ce mythe, c'est se donner la permission intérieure de regarder les choses en face :

> « J'ai 37 ans et je n'ai pas encore réalisé mon désir profond, que puis-je changer

en moi et autour de moi pour atteindre mon but ou pour le modifier ? »

« J'ai des revenus qui ne sont pas suffisants, comment puis-je améliorer mes connaissances, mes compétences professionnelles, dois-je réajuster mon budget ? »

Ou encore :

« Je ne ressemble pas aux mannequins dont les photos sont exhibées *ad nauseum*, dans la presse populaire. C'est une réalité, comment puis-je y faire face. Puis-je accepter mon corps et mon visage et bien vivre malgré tout ? »

Rien ne peut changer si l'on n'accepte pas ce qui est. C'est là que se situe tout projet valable d'évolution. Le fondateur de l'approche des Alcooliques Anonymes l'avait bien compris, lui qui a intégré dans son approche comme première étape, la reconnaissance de la réalité, l'acceptation de ce qui est. Tout nouveau membre se présente aux autres en disant : « Je suis Paul, je suis un alcoolique ! »

Aussi longtemps que la personne ne peut pas accepter ce qui est, qu'elle minimise sa situation – « Un verre de temps en temps, ça n'a jamais fait de mal à personne ! » – aucun changement n'est possible !

Il y a tant de croyances erronées, de mythes auxquels nous sommes attachés et qui nous empêchent de bien vivre. Par exemple, croire que ceux qui sont en position hiérarchique, dans la société civile comme dans la religion, sont différents du commun des mortels, qu'ils doivent avoir un comportement irréprochable et que s'ils s'en écartent, c'est que le monde politique est pourri et la religion, une farce.

Accepter ce qui est dans ce domaine, suppose « devenir adulte et réaliste ». Un humain reste un humain qu'il soit pape ou président d'un pays puissant. Il reste tenté, parfois encombré par son caractère et ses failles intérieures.

Un autre mythe dévastateur, c'est la croyance selon laquelle « mes parents auraient dû me donner ce que des parents doivent donner » :

amour, stabilité, normes, valeurs, formation et tant d'autres choses.

Comme, « à mon avis », ça n'a pas été le cas, j'ai donc « le droit » de me comporter comme une victime, de leur en vouloir, de renoncer à me conduire en être humain responsable.

Accepter ce qui est, c'est considérer ce que mes parents ont reçu, ce dont ils ont été privés eux-mêmes ; c'est aussi mettre en lumière ce qu'ils m'ont donné et peut-être aussi ce qu'ils m'ont permis de surmonter à cause des manques que je ressens.

Ce mythe dévastateur est proche de celui qui consiste à ne pas accepter les souffrances ni les frustrations inhérentes à la vie, sous prétexte que je dois être heureux, que les malheurs ne doivent pas m'arriver à moi !

Les grandes théories psychologiques ont tenté d'identifier et de nommer ces croyances erronées qui empêchent les humains de voir la réalité et de l'accepter pour ce qu'elle est.

Éric Berne, le fondateur de l'Analyse Transactionnelle, a mis en évidence cinq croyances erronées qui fonctionnent comme des verres déformants par rapport à la réalité et engendrent illusions, désillusions et souffrances.

➔ Il est nécessaire et vital de plaire *aux autres*, quoi que l'on ressente.

Sur la base de cette croyance, de nombreuses personnes, surtout des femmes, imaginent qu'en étant « toutes à tous », en ignorant leurs propres besoins et leur propre ressenti, elles seront aimées et recherchées.

Vivre avec cette croyance, c'est nier la réalité, c'est attirer à soi tout particulièrement des êtres égocentriques qui désirent être servis et maternés et qui ne seront jamais prêts à donner à leur tour.

Accepter la réalité, accepter ce qui est, c'est avoir conscience que chacun doit prendre la responsabilité de sa propre vie et que tout être humain a des besoins, des ressentis, des désirs, qu'il a non seulement le droit, mais aussi « le devoir » de prendre en considération. Il peut aussi choisir de les ignorer parfois, à certaines périodes de sa vie, comme une mère qui ignore temporairement son besoin de sommeil pour soigner son enfant malade. Cependant, la tendance à se situer en victime des circonstances et à ne pas honorer ses besoins est un moyen d'échapper à la réalité, à ce qui est.

➔ **Il faut être parfait, tout ce que *l'on fait doit* être parfait.** On ne peut pas faire d'erreurs, il faut honorer tous ses engagements quoi qu'il en coûte, il faut respecter les délais, faire plus avec moins.

Là encore, obéir à ces croyances erronées, c'est vivre dans l'illusion, c'est se créer un monde irréel, c'est se créer des réactions de stress qui favorisent l'hypertension, les migraines et les ulcères d'estomac, sans parler des problèmes interpersonnels.

Accepter ce qui est, c'est admettre qu'être « humain », c'est être faillible, c'est avoir des limites de temps et de force. C'est oser dire : « Je n'y arriverai pas ! » ou encore « Je me suis trompé ! » C'est accepter aussi que « faire plus avec moins », cela suppose aussi « faire autrement ».

Accepter ce qui est, être en contact avec la réalité plutôt qu'avec l'illusion, c'est enfin se mettre en condition de chercher et de trouver de nouvelles solutions.

Appelée un jour, dans un établissement pour personnes âgées, pour travailler avec l'équipe soignante, je me suis trouvée face à un groupe stressé, frustré, qui avait été amputé de 15 % et qui devait mener à bien les tâches qui, auparavant, étaient réparties entre beaucoup plus de travailleurs :

« Comment allons-nous faire ? Nous avons trop à faire ! Les résidents ne pourront pas être bien soignés ! C'est impossible ! »

Chacun regrettait ce qui avait eu lieu « avant » et s'inquiétait de « l'après ». Quelques heures de travail pour considérer le présent – « ce qui est » – ont permis de mieux vivre le changement.

Ce qui est : 15 % de diminution du personnel, ce qui représente X heures de travail en moins. Alors, que peut-on changer, enlever, faire autrement ?

Vivre dans le passé, le regretter, se révolter parce qu'il n'est plus, c'est une démarche stérile. La solution n'est jamais dans le passé. Elle est en relation avec le présent, *avec ce qui est.*

→ Il est nécessaire de toujours être fort, de ne pas montrer ses faiblesses, de ne rien demander aux autres et de se débrouiller tout seul.

Vivre avec cette illusion, c'est être hors de la réalité, c'est éviter d'accepter ce qui est.

Les humains sont interdépendants, ils ont besoin les uns des autres : « Nul homme n'est une île », écrit le poète John Donne.

Être fort, c'est accepter d'être qui l'on est avec ses forces et ses faiblesses, ses compétences et son ignorance. Il se peut qu'en tant qu'enfant, les circonstances aient été pénibles et qu'il n'ait pas été possible de compter sur des parents adéquats. Devenu adulte, l'être humain peut choisir. Il peut apprendre à demander de l'aide, à accepter de laisser les autres assumer ce qui leur appartient. Il peut apprendre à voir et à accepter ce qui est plutôt que ce qu'il croit, faussement, que les choses devraient être.

➜ **Il est nécessaire de se dépêcher, il n'y a pas de temps à perdre, on n'est pas ici pour s'amuser!**

Que de stress inutile pour ceux qui ont développé cette croyance erronée! En réalité, il y a bien peu de situations qui exigent que l'on soit tendu et fixé sur l'horloge. Il est presque toujours possible de s'organiser, de planifier, de manière à avoir assez de temps pour atteindre ses objectifs en restant détendu.

Accepter ce qui est, c'est accepter que chaque journée ne contienne que 24 heures et que le rythme de la vie ne gagne rien à être effréné.

➜ Finalement, Éric Berne a identifié la croyance erronée suivante: **Il est nécessaire de faire d'énormes efforts pour vivre décemment**.

Ceux qui ont cette croyance s'investissent beaucoup plus que nécessaire. Ils n'arrivent pas à voir et à accepter ce qui est. Ils imaginent un monde fictif qui devrait résulter de leurs efforts.

En acceptant de voir et d'entendre ce qui est, en acceptant, la réalité, il devient possible d'évaluer objectivement le résultat de ses efforts et la manière de modifier ses stratégies.

Un couple d'agriculteurs, parents de deux enfants en bas âge n'arrivait pas à joindre les deux bouts. Le domaine agricole qu'ils cultivaient était trop petit pour être rentable. Ils y travaillaient 14 à 16 heures par jour, s'y donnaient à fond et n'obtenaient pas les résultats escomptés.

Des amis, des experts du syndicat paysan, des membres de leur famille avaient tenté de leur démontrer que leur exploitation n'était pas viable. Sans résultat ! « Il n'y a qu'à augmenter le nombre de poules et vendre des œufs ! » – ce qui signifiait encore plus d'heures de travail.

Peu de temps après cette décision, le père de famille eut un malaise cardiaque. Heureusement, il put être réanimé, opéré et guéri. C'est durant sa convalescence et sa rééducation cardiaque que cet agriculteur put enfin regarder la réalité en face et accepter ce qui était. Ce qui lui permit de trouver de nouvelles solutions.

Aujourd'hui, il a un travail qu'il aime comme cantonnier. Son épouse s'occupe des enfants et a gardé un important poulailler qui lui permet de vendre des œufs aux magasins des villages environnants. Les terres ont été vendues et la famille vit mieux que jamais avec un revenu adéquat, du temps libre et la possibilité de voir grandir les enfants.

Accepter ce qui est, lâcher prise des croyances erronées et des mythes inutiles, voilà le plus grand défi de l'existence!

« Rien ne peut expliquer les souffrances, le mal,
les tortures, la destruction et la faim
qui règnent dans le monde…
Vous pouvez toujours essayer
avec des formules, des dogmes, des doctrines, vous
n'y parviendrez pas.
La vie est un mystère…
Et lorsque vous êtes sur le point
de vous réveiller, vous réalisez
soudainement que c'est vous,
et non la réalité, qui constitue le problème. »

Anthony de MELLO

Quand la conscience s'éveille
(Albin Michel)

Chapitre 3

D'autres obstacles à la capacité d'accepter ce qui est

Les comparaisons

L'un des moyens qu'utilisent inconsciemment tous ceux qui ne vivent pas le moment présent et qui n'acceptent pas ce qui est, c'est l'habitude de comparer les choses et les situations les unes aux autres et de se comparer eux-mêmes aux autres.

Il suffit de prendre un repas ou une consommation à la terrasse d'un établissement qui reçoit des touristes pour s'en persuader. Les commentaires sont rarement en relation avec la beauté du paysage ou avec l'immense privilège de pouvoir s'accorder des vacances ! Non, les commentaires sont souvent des comparaisons :

« Qu'est-ce qu'il est cher ce café, l'année dernière en Italie, on ne payait que… ! »

« Quand je pense que j'aurais pu aller en Tunisie, au moins, j'aurais eu du soleil, tandis qu'ici, le temps est misérable ! »

« Je crois que mon bronzage est plus régulier que le sien, ne trouves-tu pas ? »

Un auteur écrivait :

« La vie c'est ce qui passe pendant que nous sommes occupés ailleurs ! »

Comparer, vivre le passé ou l'avenir plutôt que le présent empêche d'accepter ce qui est, de vivre ce qui se présente, de trouver des stratégies ou des solutions s'il y a lieu.

Il y a quelque temps, j'ai trouvé dans un local que l'on débarrassait un petit opuscule datant de la fin du XIXe siècle et ayant pour titre : *Le récit de Marc Séchaud, ex-forçat sibérien.*

En 48 pages, une histoire incroyable est présentée, celle d'un jeune homme, originaire d'une région de Suisse, né en 1853. Sa mère, veuve, travaillait comme « femme de charge » quelque part en Russie et lui avait envoyé une lettre lorsqu'il avait atteint sa majorité, lui proposant de se rendre lui aussi dans ce pays où un bel emploi l'attendait. Hélas, suite à une série de quiproquos incroyables, Marc Séchaud, est pris pour quelqu'un d'autre et envoyé aux travaux forcés dans les mines de Sibérie. Il y resta de longues années, survécut aux coups, à la malnutrition, aux accidents de chantier. Il finit par s'évader avec un compagnon d'infortune et à revenir dans son village, près de Neuchâtel, en Suisse.

Ce qui frappe dans son récit, c'est avant tout la capacité de cet homme d'accepter ce qui est. Alors que ses compagnons ne pensent qu'aux beaux jours enfuis, qu'ils pleurent, se révoltent et souvent meurent brutalisés par les gardiens, Marc Séchaud tente de vivre le mieux possible un instant après l'autre. Oh ! Ce n'est pas qu'il trouve quoi que ce soit de positif à sa situation, mais c'est ce qu'il a à vivre juste en ce moment. Il faut rester vivant dans l'instant et utiliser tout ce qui peut favoriser cette survie, juste ici et maintenant.

Accepter ne veut pas dire « aimer ce qui est » ou « se résigner », cela signifie simplement savoir que, pour l'instant, il n'y a pas d'autre réalité que cette réalité et que plus on est en contact avec elle, plus on peut trouver des moyens de la vivre et de « l'utiliser ».

L'histoire de Marc Séchaud, ex-forçat ressemble à celle de Roger McGowen, décrite par Pierre Pradervand.

Roger McGowen est né en 1963 à Houston, Texas, dans le ghetto noir de la ville. Il fut arrêté et accusé parce qu'il avait prêté sa voiture à son frère et à son cousin qui l'utilisèrent pour commettre un hold-up dans un bar et, accidentellement, tuer la tenancière. Des témoins avaient relevé le numéro de la plaque d'immatriculation et c'est Roger qui fut accusé. Le procureur promit la liberté à un prisonnier qui avait connu Roger s'il faisait un faux témoignage à son propos.

L'avocat commis d'office était un alcoolique notoire qui ne visita pas Roger une seule fois avant le procès et qui dormait pendant les audiences. Ainsi, depuis 1987, Roger McGowen croupit en prison en attendant son exécution. Son acceptation de ce qui est, son évolution spirituelle en fait aujourd'hui un maître qui interpelle et sert de référence morale à des centaines de personnes.

Voici ce qu'il écrit à propos de l'acceptation de ce qui est :

« Bien des nuits, je reste éveillé en pensant à ce qui aurait pu être, mais ne fut jamais. Je sais bien que la vie a ses hauts et ses bas, je réalise bien que nous ne pouvons pas tous être grands, mais nous pouvons tous viser la grandeur. Il y a tant de choses qui auraient pu être et qui auraient dû être, mais les "auraient pu" et "auraient dû" n'entrent plus en ligne de compte.
Nous devons viser à faire le mieux, *avec ce qui est*, c'est le courage de continuer à rêver, continuer à espérer et continuer à aller de l'avant quand tout semble si loin. C'est la nature de la vie de continuer à grandir quand tout le reste semble mourir. »

Messages de vie du couloir de la mort
Roger McGowen & Pierre Pradervand
(Éditions Jouvence)

L'envie

Cette attitude représente un autre obstacle à la possibilité d'accepter ce qui est jour après jour. Certaines personnes interprètent leur réalité comme n'étant pas aussi enviable que celle des autres, leurs proches, leurs amis, leurs collègues, leurs voisins. Elles dévalorisent leur situation et languissent de ce que les autres possèdent.

Il y a de nombreuses années, travaillant dans une clinique psychiatrique aux États-Unis, j'avais à soigner une jeune femme, jumelle de 20 ans, pour tentatives de suicide à répétition.

Depuis l'âge de 6 ou 7 ans, elle enviait maladivement sa sœur qui, à son avis, était très belle alors qu'elle se trouvait très laide. Ligotée dans cette croyance, ne pouvant accepter le visage que reflétait son miroir, elle avait tenté de s'enlever la vie par différents moyens.

Plusieurs psychothérapeutes avaient tenté d'aider cette jeune femme et en avaient perdu leur latin. Elle était trop moche, disait-elle, pour se permettre de vivre alors que sa sœur était si belle.

Ce qui frappait ceux qui s'occupaient d'elle et qui avaient rencontré sa sœur jumelle les jours de visite, c'est qu'elles se ressemblaient comme deux gouttes d'eau, comme c'est le cas parfois pour les vrais jumeaux. Simplement, l'une d'entre elles avait décidé, pour une raison obscure, que sa sœur était belle et qu'elle était laide. Ceci l'empêchait totalement de voir ce qui était, d'accepter ce qui était. Sa réalité, c'était son interprétation de cette réalité, ses croyances erronées.

La jalousie

Comme l'envie, la jalousie empêche d'accepter ce qui est. Ne dit-on pas que la jalousie est aveugle ?

De multiples lettres concernant des problèmes de couples m'ont été envoyées par des lecteurs en difficulté.

La jalousie est souvent présente, surtout lors d'infidélités, d'adultères. Cette jalousie enlève la possibilité de considérer ce qui est et encore plus de parvenir à accepter ce qui est. Prenons deux exemples :

Isabelle a vécu trente ans avec son mari. Ils ont eu deux enfants qui vivent maintenant leur vie. Les parents restent seuls. Et, un jour, Isabelle découvre, consternée, que son mari la trompe. Disputes, cris, pleurs, menaces, rien n'y fait. Monsieur est follement épris d'une jeune femme, de l'âge de sa fille. Il décide de quitter le foyer conjugal et de demander le divorce.

Isabelle ne peut pas y croire, elle ne peut pas accepter cette réalité, elle laisse des messages extrêmement insultants sur le répondeur de celle « qui lui a volé son mari ». Elle s'enferme, commence une dépression, est hospitalisée en psychiatrie, veut reprendre la vie commune, ce que son ex-mari ne souhaite pas. Elle est incapable d'accepter ce qui est !

Aujourd'hui, à l'aide d'un traitement antidépresseur puissant, elle survit douloureusement : « Je ne peux pas accepter ce qui est arrivé ! » répète-t-elle en litanie.

Ses filles se sont fatiguées de son attitude et ont pris leurs distances vis-à-vis de cette *Mater Dolorosa*.

Aucun projet, aucune vision d'avenir ! Le chemin de vie d'Isabelle s'est arrêté le jour où elle a découvert la conduite de son mari. Elle n'a pas pu et ne peut toujours pas « accepter ce qui est ».

Jeanne, contrairement à Isabelle, accepte ce qui est, quittée par son époux, peut-être en partie parce qu'elle ne pouvait pas avoir d'enfant. Son époux l'a trompée et vit maintenant avec sa nouvelle jeune compagne qui lui a « donné un fils ».

Pour Jeanne, la nouvelle a été difficile à accepter, ce mari qui était si important dans sa vie avait trouvé quelqu'un d'autre. Il n'y avait pas de blâme à adresser à qui que ce soit, simplement accepter ce qui était dans les meilleures conditions.

Jeanne a fait un travail de développement personnel. Elle a appris que chacun doit vivre sa vie, qu'il n'est ni possible, ni souhaitable de maintenir à tout prix une relation dans laquelle l'amour n'existe plus.

Elle s'est formée comme bénévole et, plusieurs fois par semaine, elle accompagne des personnes en fin de vie tout en travaillant à temps partiel comme vendeuse dans un grand magasin. Elle dit que si elle avait pu choisir sa trajectoire de vie, ce n'est pas ce qu'elle aurait choisi, mais qu'elle est paisible et sereine, qu'elle a pu accepter ce qui était et trouver des moyens de vivre positivement.

« Le drame, c'est d'avoir l'intelligence arrêtée par ce qu'on sait, le cœur borné par ce qu'on aime, la foi bloquée par ce qu'on croit. »

Jean-Yves Leloup

La compétition

La compétition – vouloir gagner à tout prix – comme obstacle à la capacité d'accepter ce qui est.

« Nous sommes dans une société obsédée par le dépassement de l'autre », écrivait récemment un journaliste.

Cette envie de gagner à tout prix, de dépasser l'autre, d'être mieux noté que lui, plus apprécié, plus beau, plus doué, empêche de voir ce qui est, de discerner entre ce qui est essentiel et ce qui est dérisoire. Pour être capable de discerner, il est nécessaire de voir la réalité dans tout ce qu'elle est, de s'arrêter pour considérer les choses et les événements, pour ressentir, pour penser.

Pour de nombreuses personnes, cette démarche devient impossible, tout occupées qu'elles sont à chercher à dépasser l'autre.

Manuela, aiguillonnée par sa mère, voulait devenir danseuse. Depuis l'âge de 4 ans, sa mère l'avait soutenue et parfois poussée à prendre des cours toujours plus astreignants, à surveiller son régime, à miser à fond sur ce rêve. Les enseignants de la fillette ne lui trouvaient pas d'aptitudes particulières et à plusieurs reprises avaient tenté de faire prendre conscience de cela à la mère de Manuela. Peine perdue!

Pour cette femme, sa fille serait danseuse étoile, elle y mettrait toute son ardeur, toute son énergie. Pendant des années, cette femme et sa fille persévèrent contre vents et marées. À plusieurs reprises, Manuela se blessa. Chaque fois les meilleurs médecins et physiothérapeutes étaient engagés et, dès que c'était possible, les cours et les entraînements reprenaient de plus belle et le régime alimentaire draconien était à nouveau de mise.

À plusieurs reprises, Manuela ne fut pas choisie pour des spectacles ou auditions. C'était à chaque fois un profond chagrin pour elle. Mais aucun de ces signes n'était perçu par la maman.

À l'âge de 14 ans, après un nouvel échec, Manuela fit une grave tentative de suicide, elle resta plusieurs jours entre la vie et la mort aux soins intensifs. C'est grâce à l'intervention du psychiatre qui la suivait après cet incident que Manuela put enfin être délivrée de ce projet inadéquat pour elle et qu'elle s'était forcée à intégrer pour obtenir l'amour de sa mère.

Ces deux personnes vivaient dans une illusion, incapables de voir la réalité et d'accepter « ce qui était ».

L'égocentrisme

L'égocentrisme est aussi un obstacle pour accepter ce qui est.

Voir ce qui est, entendre ce qui est, requiert un minimum d'ouverture à ce que dit l'autre, à ce qu'est l'autre.

Lorsqu'on imagine avoir raison, avoir le monopole de la vérité, il est bien difficile d'adopter une attitude d'ouverture et d'accepter ce qui est.

Le XXe siècle regorge d'exemples de leaders fous, totalement centrés sur leur vérité et non pas sur la réalité. Certains d'entre eux ont emmené leur peuple dans le délire qui était le leur : le nazisme, par exemple, est une immense illusion collective ethnocentrique, dont les tenants avaient perdu tout contact avec la réalité.

Au niveau personnel aussi, celui ou celle qui n'est pas capable de voir autre chose que son nombril n'est pas en mesure d'accepter ce qui est. Ses relations avec les autres sont insatisfaisantes, son couple se détériore, ses enfants vont mal et sa vie professionnelle peut partir en lambeaux. Tout cela n'est pas compris : ce sont les autres qui ont tort, ce sont les autres qui n'ont rien compris. Le questionnement à propos de soi-même n'existe pas et il est totalement impossible pour ces personnes d'accepter ce qui est.

Le ressentiment

Parmi les freins puissants à la capacité d'accepter ce qui est, il est important de citer le ressentiment. Avoir de la rancune, rester pris dans l'idée que l'autre n'aurait pas dû dire, faire, agir comme il l'a fait et que, puisque cela a eu lieu, il n'y a pas de possibilité de modifier le regard que l'on porte sur la situation.

Dans une émission de « téléréalité », une femme d'une quarantaine d'année était invitée par son beau-fils à se réconcilier avec lui. Ces deux personnes avaient eu un conflit, trois mois auparavant, ils s'étaient insultés et durant tout ce temps, les protagonistes ne s'étaient pas parlés. La petite-fille qui aimait énormément sa grand-mère souffrait de cette séparation et toutes les personnes impliquées vivaient mal cette rupture de communication.

Le beau-fils demandait pardon, expliquait les circonstances qui l'avaient amené à ne plus pouvoir contrôler son langage.

Rien à faire, belle-maman, drapée dans sa cape de bonne conscience ne bronchait pas. Elle avait été insultée, elle avait répondu sur le même ton, car, disait-elle avec insistance : « Lorsqu'on me cherche, on me trouve ! » – phrase censée expliquer sa rigidité.

Devant des millions de téléspectateurs, elle restait dans sa logique, dans son ressentiment, dans le passé, au lieu d'être ouverte au présent, à ce qui était à ce moment-là.

Le ressentiment empêche de voir la réalité, de voir ce qui est et d'agir dans le présent.

Maria Paz Mariño, citant les propos d'Anthony de Mello, écrit :

> « Il en est de même lorsque tu te fâches contre quelqu'un. Le responsable de ta contrariété, c'est toujours toi, même si c'est l'autre qui a provoqué le conflit, qui t'a insulté ou méprisé. L'attachement à l'idée que tu as de toi est ce qui te fait souffrir, et non le conflit, l'insulte ou le mépris. »
>
> *Libre enfin*

Il se peut que nous nous sentions « blessés » par les paroles ou le comportement d'autrui à notre égard. Il est utile alors de se demander pourquoi ces paroles ou ces actes sont si difficiles à accepter. Si l'on ne pense pas mériter ce mépris ou ces insultes, il convient de s'efforcer de lâcher prise de tout cela et de retrouver le calme et la sérénité.

Si, en revanche, l'on admet qu'à un moment ou à un autre, notre comportement n'a pas été ce qu'il aurait dû être, alors nous pouvons accepter la réaction qu'il a suscitée et apprendre de ce qui s'est produit. Ainsi tout rentre dans l'ordre, aucun ressentiment ne subsiste.

Accepter ce qui est, dans le domaine des relations avec les autres, c'est se souvenir que chaque être humain est lourdement «programmé» par sa famille, sa culture, sa religion, qu'il parle et agit en relation avec ses programmations et que, bien souvent, cela n'a rien à voir avec la difficulté relationnelle qui a eu lieu entre lui et moi.

Ainsi, tout ressentiment est inutile et agit comme un filtre qui empêche de voir ce qui est et de trouver des moyens d'améliorer les situations problématiques.

Le ressentiment fonctionne aussi comme un stresseur interne. Chaque fois que nous rencontrons une personne envers qui l'on éprouve de la rancune, on la perçoit à la lumière du conflit qui a eu lieu, des attentes non satisfaites que nous avions vis-à-vis d'elle : le cœur se met à battre plus vite, la tension artérielle augmente parce qu'on a quitté le présent, qu'on ne voit plus ce qui est, en revivant la tension éprouvée dans le passé.

Le seul remède au ressentiment, c'est le lâcher-prise ! C'est décider que l'important, l'essentiel, c'est la paix de l'esprit, la sérénité, la présence à l'instant.

C'est loin d'être toujours facile, c'est un chemin à suivre, un but à rechercher de toutes ses forces en avançant doucement vers l'acceptation de ce qui est.

La culpabilité

Accepter ce qui est, c'est accepter d'être imparfait, de cheminer jour après jour vers une plus grande capacité à vivre « conscient ». C'est un défi de taille pour la plupart des humains ! Chacun voudrait ressembler à l'image qu'il s'est faite de lui-même. Lorsqu'un événement se produit qui confronte la personne à ses limites, qui lui révèle sa faiblesse, alors la culpabilité apparaît. Celui qui l'éprouve n'est plus en contact avec ce qui est, il « s'embourbe » l'esprit dans le champ improbable de « ce qui aurait dû être », de ce qui aurait dû être fait, être dit.

Un homme dont le fils s'était suicidé près de quinze ans auparavant exprimait son immense culpabilité. Il pensait avoir failli dans l'éducation de ce fils. Il répétait :

> « Je n'ai pas su lui inculquer le goût de l'effort et la capacité à tolérer la frustration. »

Au cours des quinze années écoulées, il était resté fixé sur sa prétendue « faute », sur ce qu'il nommait « son échec ». Il n'avait plus connu la paix intérieure. Tout son temps libre, il le passait à faire du bénévolat dans des associations destinées à prévenir le suicide. Lorsqu'on lui demandait comment il allait, il répondait invariablement :

> « Ça n'a aucune importance et vous comment allez-vous ? »

Toute son énergie, toutes ses capacités étaient concentrées sur ce qui était devenu son unique préoccupation : prévenir le suicide des jeunes.

Cette vie reliée à un passé inacceptable pour lui, cette vie dans laquelle il était incapable d'accepter ce qui était, ce qui avait eu lieu, était devenue insupportable à son épouse et elle avait demandé le divorce. Son autre fils, bien vivant, avait pris ses distances d'avec ce père rongé par la culpabilité et dans l'incapacité d'accepter la réalité et de se mettre à vivre dans le présent.

Ce père, désemparé, tentait de faire face au mieux à ce drame qu'il avait vécu. Cependant, son investissement dans la culpabilité l'empêchait de voir qu'il n'était qu'un humain, un père qui avait donné le meilleur de lui-même, comme le font la plupart des parents, et qu'il n'avait pas pu empêcher son fils de choisir la mort au lieu de la vie.

Peut-être que pour cet homme, le suicide de son fils était à ce point insupportable et absurde qu'il avait inconsciemment « choisi » la culpabilité comme explication à cette situation :

> « Je suis coupable, donc tout s'explique, cela provient de mes erreurs d'éducation ! »

Malheureusement, la culpabilité est un miroir déformant qui empêche de considérer la réalité. Être humain, c'est être imparfait, c'est commettre des erreurs, c'est devoir accepter, parfois, de ne pas comprendre, d'être confronté aux grands mystères de la vie, à ce qui paraît injuste et absurde.

Être humain, c'est travailler à s'accepter et à accepter ce qui est pour pouvoir ensuite décider de ce qu'on va pouvoir faire de ce qui nous est arrivé. Être humain, c'est savoir qu'à chaque instant, on tente de vivre le mieux possible en tenant compte des circonstances qui sont les nôtres et que la culpabilité n'est pas de mise.

Chapitre 4

Accepter ce qui est favorise le progrès

Une autre illusion qui empêche de pouvoir accepter ce qui est, c'est celle qui consiste à croire que le progrès repose sur l'insatisfaction permanente à propos de la réalité.

Plusieurs manières de vivre cette illusion existent :

➔ La fuite en avant

Cela consiste à vivre dans le futur : quand on aura plus d'argent, quand j'aurai terminé mes études, quand on sera mariés, quand on aura des enfants, quand les enfants seront grands…

Autant il est sain et légitime de se réjouir de ce qui viendra, autant il est « dangereux » de ne vivre que dans le futur en « oubliant » d'être présent, d'accepter ce qui est, juste pour le moment et en « oubliant » d'être rempli de gratitude pour ce qui est.

On peut ne pas aimer la réalité présente. On peut espérer mieux, plus, autre chose, on peut rêver l'avenir. Il n'en demeure pas moins que c'est ici, aujourd'hui que l'on peut agir et créer le futur.

→ L'attitude négative par rapport au présent

Ah! si je pouvais partir d'ici! Mes concitoyens sont nuls, peut intéressants, mesquins, peureux… les adjectifs peuvent varier à l'infini.
Mon mari, mon épouse, mes enfants, ma famille, le fait que je n'aie pas de famille, tout cela m'empêche de vivre comme je le voudrais.
Je ne fais pas le travail que j'aimerais faire, je n'ai pas eu de chance, mes parents ne m'ont pas payé des études, j'aurais voulu apprendre une langue étrangère, etc. Les plaintes peuvent être variées et infinies.

→ L'attitude de victime

Après tout ce que j'ai vécu, je ne peux pas « me contrôler », « travailler normalement », « être heureux » et tant d'autres choses – au choix de la « victime ».

Pour ces personnes, la réalité présente n'existe pas, « ce qui est aujourd'hui » n'a pas d'importance. Seul compte ce qui est arrivé dans le passé, ce qui a été perdu, ce qui était positif hier ou avant-hier.

Accepter ce qui est, c'est le secret de toutes les renaissances, de tous les progrès, de toutes les découvertes.

L'une des histoires les plus bouleversantes à propos de cette capacité de renaître en acceptant ce qui m'a été racontée par la personne elle-même.

Pierrette Richer était la maman comblée de cinq beaux enfants dans la province du Québec. Un soir où elle devait travailler tard à son bureau, elle avait fait garder les enfants par une jeune femme. Ce soir-là, on l'avertit que sa maison était en flammes ! Lorsqu'elle arriva sur place avec son mari, on lui annonça que ses cinq enfants n'avaient pas pu être sauvés. C'était en février, cette mère tomba à genoux dans la neige et pour dix longues minutes, elle resta ainsi prostrée. Puis, elle se leva et se dit à elle-même : « Ça a eu lieu ! » Elle eut l'extraordinaire courage d'accepter ce qui était.

Oh, non ! Ce n'était pas ce qu'elle souhaitait, toute sa vie réduite en cendres, ses enfants disparus pour toujours ! Cependant, il existe des personnes qui disposent de ressources intérieures hors du commun et qui sont capables d'accepter ce qui est, puis de continuer à honorer la vie qui est en eux.

Après ces événements tragiques, Pierrette Richer s'est formée afin de devenir ostéopathe. Aujourd'hui, elle soigne, soulage et soutient ceux qui s'adressent à elle.

Lorsqu'un drame survient, il n'est pas possible de faire l'économie d'un travail de deuil, du ressenti douloureux lié aux émotions de colère, de peur, de tristesse, parfois de doute et de culpabilité. L'essentiel est pourtant d'atteindre l'acceptation de ce qui est : ce n'est pas qu'on l'ait voulu ou qu'on se résigne, ou qu'on passe à autre chose ! Simplement, et souvent difficilement, il s'agit de se dire :

« Ça a eu lieu ! »

La réalité est celle-ci, j'accepte ce qui est parce que c'est de là qu'il convient de partir pour aller ailleurs.

« Il n'y a pas d'autre réalité que la réalité,
que nous le voulions ou non,
que nous l'acceptions ou pas. »

Jean-Yves Leloup

Chapitre 5

Accepter ce qui est par rapport au passé

La rancune, le ressentiment, l'impression d'être une victime des circonstances sont autant d'obstacles qui empêchent d'accepter le passé.

Pourtant, accepter ce qui est, ce qui a eu lieu, c'est le plus sûr chemin vers la sérénité, vers une vie de plénitude.

Comme nous l'avons vu dans certains exemples mentionnés dans les pages précédentes, on peut passer à côté de la vie, en s'accrochant, en restant « coincé », immobilisé dans des situations qui ont eu lieu des années et même des décennies auparavant.

Alors ces situations non terminées constituent des sources intarissables d'amertume et même, parfois, de haine. Celui ou celle qui n'a pas pu les dépasser y retourne indéfiniment pour s'abreuver, maintenant ainsi une relation mortifère avec des événements qui ont eu lieu, qui sont passés.

L'une des histoires les plus extraordinaires et les plus mobilisatrices que j'ai entendues et qui a modifié ma vie et mes pratiques professionnelles a été racontée par l'auteur Christiane Singer lors d'une conférence.

C'est l'histoire d'un vieux rabbin qui avait fait de sa vie un témoignage permanent de force et de compassion. Il avait participé au grand mouvement des soins palliatifs et accompagné de nombreuses personnes en fin de vie vers leur « naissance au ciel ». Lui-même arrivant à la fin de sa vie, il priait Dieu et lui demandait :

> « Dis-moi, Seigneur, que puis-je encore faire pour cette terre, avant de la quitter ? »

> Dieu lui répondit :

> « Fais en sorte de ne laisser aucune trace de ta souffrance ici-bas, avant de t'en aller ! »

Le vieux rabbin était perplexe. Il lui semblait avoir pardonné à ses ennemis, s'être réconcilié avec son passé. Réfléchissant, il se souvint d'un incident qui lui causait encore beaucoup de chagrin chaque fois qu'il y pensait.

C'était une agression qu'il avait subie en tant que petit garçon juif portant une Kippa (sorte de petit couvre-chef porté par les Juifs pratiquants). Il avait été attaqué par des jeunes gens qui l'avaient roué de coups et l'avaient laissé pour mort sur un pont de Vienne.

Le vieux rabbin décida de se rendre sur ce pont. Ce qu'il fit et, très tôt un matin, sur ce pont, il accueillit en lui, avec une immense compassion, le souvenir de ce jeune garçon qu'il était alors. Il eut l'impression d'avoir intégré en lui cette souffrance et de l'avoir transformée. Puis il quitta Vienne avec la conviction qu'il n'y aurait plus de trace de sa souffrance sur cette terre lorsqu'il la quitterait.

Quel programme magnifique ! S'occuper de sa souffrance, en faire quelque chose, l'accueillir, l'apprivoiser et la transmuter, accomplir cette alchimie extraordinaire qui permet de se servir du malheur pour donner un sens à sa vie, à son quotidien et à ses relations !

Cette perspective modifie la vie, elle modifie le travail d'accompagnement des personnes en fin de vie, en deuil, en crise, ainsi que le travail d'accompagnement thérapeutique de personnes présentant des problèmes de santé mentale.

Pouvoir mettre des mots sur ses souffrances

Accepter ce qui est par rapport à son passé, c'est oser le regarder en face ; c'est traduire la peine, le ressenti tourmenté qui cause des tempêtes intérieures en mots qui sont reçus par une personne capable d'écoute vraie, de non jugement ; c'est déposer tout cela, sans blâmer qui que ce soit, ni soi-même, ni les autres.

« Ça a eu lieu », cela fait partie de mon histoire, je ne peux pas l'oublier, je ne peux pas l'effacer, « Ça a eu lieu ! » Pourtant, il y a quelque chose à faire : c'est d'en faire quelque chose !

Comment cet épisode de ma vie, ces manques, ces drames, ces offenses, comment puis-je les utiliser pour donner plus de sens à ma vie ici et maintenant ? Voilà la seule vraie possibilité d'accepter ce qui est par rapport à son passé.

Une histoire lue, il y a longtemps – je ne sais plus où – illustre très bien cette utilisation de la souffrance, de l'imperfection, de l'échec pour en faire quelque chose de valable.

Un prince possédait un énorme diamant dont il était très fier. Cette pierre précieuse reposait dans une vitrine sécurisée. Un jour, le prince demanda à son serviteur de lui donner ce diamant car il désirait le soupeser et l'admirer de plus près. Le prenant dans ses mains, quelle ne fut pas sa stupeur de découvrir une énorme rayure sur la partie du diamant qu'il ne voyait pas d'habitude !

Le prince en devint très malheureux, il ne pouvait s'empêcher de penser à cette pierre précieuse et à ce défaut dont il n'avait pas été conscient. Il décida de faire venir son conseil et de leur exposer son problème.

Certains conseillers voulaient entreprendre une grande enquête pour trouver les coupables, ceux qui avaient rayé ce diamant.

D'autres voulaient créer une commission scientifique pour essayer de comprendre ce qui pouvait être plus dur que du diamant et le rayer.

D'autres encore préconisaient de remettre le diamant dans sa vitrine et de tenter d'oublier qu'il avait un côté imparfait.

Le plus âgé et le plus sage des conseillers prit la parole :

« Votre majesté, je crois que la meilleure solution consisterait à utiliser ce défaut sur votre diamant pour en faire quelque chose qui augmente sa valeur. »

Tous les conseillers se mirent à rire et à se moquer de cette proposition qu'ils jugeaient farfelue. Le prince leur fit signe de se taire et s'adressa au vieil homme :

« Et comment penses-tu que cela puisse se faire ?
— Votre majesté, je connais un orfèvre incroyablement doué qui habite près d'ici, nous pourrions le faire venir.

— Soit ! dit le prince. Qu'on aille le chercher. »

On vit alors arriver un artisan simplement vêtu, au regard chaleureux et à l'allure confiante. Lorsqu'on lui eut présenté le problème, il répondit qu'il pouvait faire quelque chose. Le prince n'était pas très rassuré, mais il fit confiance à l'orfèvre.

Trois jours plus tard, l'artisan s'avançait vers lui, tenant sur un plateau recouvert de velours le diamant qui scintillait de mille feux. De la rayure, l'homme avait fait la tige d'une rose splendide qu'il avait gravée sur le diamant. Maître dans son art, il avait su créer cette fleur de manière à ce qu'elle augmente la beauté et l'éclat du diamant.

Le prince était émerveillé. Il récompensa l'orfèvre et demanda qu'on pose à nouveau le diamant dans la vitrine et qu'on mette le côté sculpté en évidence pour pouvoir l'admirer. Il n'y avait plus rien à cacher, la rayure « honteuse » était devenue le support d'une rose splendide !

Cette métaphore résume bien ce qui peut se passer lorsqu'une personne accepte ce qui est par rapport à son passé.

Certains, comme les conseillers du prince, veulent trouver les coupables, les débusquer, les confondre, les punir. Cela ne change rien à ce qui est.

D'autres veulent comprendre, pourquoi – pourquoi moi –, d'où cela vient-il ? On peut même retourner en arrière et trouver, peut-être, la source du défaut quelques générations plus tôt. Cela ne change rien à ce qui est.

Finalement, comme les conseillers du prince, un grand nombre de gens veulent « oublier » : c'est passé, c'est fini, on n'en parle plus. Cela ne change rien à ce qui est.

Toutes ces stratégies « laissent traîner » de la souffrance non assumée.

Le seul chemin qui permet d'aller vers la sérénité, c'est de confronter sa peine, ses regrets, ses rancunes, ses haines, d'accepter leur existence et le fait qu'ils ont souvent de bonnes raisons d'exister.

Il s'agit ensuite de les exprimer, en en parlant à quelqu'un, en les écrivant, en les dessinant, en les peignant, en les sculptant, en les jouant, en les chantant, bref en les mettant en forme à l'extérieur de soi.

Puis de les regarder en face, de les considérer comme un matériau de construction et de chercher à savoir ce qu'on peut en faire.

Lorsqu'on a trouvé un moyen de procéder à cette sublime alchimie qui consiste à transformer la souffrance en compassion, alors le passé douloureux peut être pleinement accepté.

Cette transmutation, cette transformation ne va pas de soi. Elle gagne souvent à être accompagnée par une personne de confiance, un ami compétent, un praticien en relation d'aide, un psychothérapeute ouvert, un conseiller spirituel aux idées larges. Si la présence d'un « témoin » peut être utile, le travail reste personnel : personne ne peut l'accomplir à notre place.

« La différence majeure entre le rat
et l'être humain est que le rat cessera assez
rapidement de suivre le tunnel qui ne contient pas
de fromage, alors que l'humain pourra continuer
à suivre le même tunnel toute sa vie pour trouver
un fromage qui n'y est pas.
À un moment ou à un autre,
le rat va abandonner le troisième tunnel
car il n'a pas de mental pour analyser,
interpréter et tenter de prouver que le fromage
doit être au bout du troisième tunnel
puisqu'il avait l'habitude d'y être… Le rat accepte
ce qui est et commence à chercher ailleurs. »

Ken Keyes

Manuel pour une conscience supérieure

Chapitre 6

Accepter ce qui est par rapport au présent, ici et maintenant

Depuis quarante ou cinquante ans, depuis la fin de la Deuxième Guerre mondiale, de très nombreux humains – Occidentaux surtout! – ont imaginé que le pouvoir était entre leurs mains.

Maintenant, enfin, ils allaient être libres! Dieu, le destin, la nature, tout cela pouvait passer au second plan, la guerre était finie, l'abondance allait venir, l'homme allait être maître de son destin!

Prévoir, gérer, organiser sont devenus des termes essentiels! Prévenir la maladie, gérer son capital santé, s'assurer contre les accidents, le vol, les inondations, les incendies, et même les dégâts causés aux moteurs de voiture par les fouines, voilà l'important! Prévoir, se créer une «sécurité»!

Ces mesures, importantes, bien sûr, ont participé à créer l'illusion de la maîtrise sur la vie et ses conséquences: le désarroi et la révolte, lorsque cette trajectoire de vie ne se déroule pas comme «prévu».

On peut avoir été très attentif à sa santé et avoir un cancer. On peut être très prudent et se trouver impliqué dans un accident. On peut avoir donné le meilleur de soi-même à l'éducation de ses enfants et avoir une fille droguée. On peut avoir créé et maintenu un couple, puis une famille unie et harmonieuse et apprendre un jour que son fils s'est suicidé.

Les cataclysmes et autres tsunamis nous rappellent que la nature ne pourra jamais être « domptée » !

La mort que l'on voudrait tant éliminer est omniprésente et nous emportera tous.

Les anciens étaient beaucoup plus prêts à accepter que la vie n'était pas entre leurs mains, alors que nos contemporains s'indignent, se révoltent, à l'idée qu'il faille accepter ce qui est.

Prévenir, s'organiser, prendre des précautions, cela fait partie de la sagesse, encore faut-il être pleinement conscient qu'en dépit de tout cela, le malheur peut se produire.

Qui aurait pu prévoir que Frère Roger Schütz, le fondateur de la Communauté de

Taizé en France, meure assassiné par une femme à l'esprit perturbé, après avoir passé plus de soixante ans à vivre dans l'esprit de paix et de réconciliation ? Qui aurait pu prévoir la chute des Twin Towers, les grandes tours de Manhattan à New York ?

Pourquoi ? C'est la question sans réponse que se posent ceux qui sont concernés par ces événements.

Accepter ce qui est, voir que c'est là la réalité à laquelle on est confronté, cela exige lucidité, courage et sagesse. C'est arrivé, cela a lieu maintenant.

Comment vivre cela ?

Tout d'abord, en assumant ce qui est, en regardant en face le drame, le malheur, le chaos, cette terrible chose qui me touche et qui, peut-être, touche mes proches – ce qui est tout aussi insupportable. Cela est ! Il n'y a pas d'échappatoire ! C'est ce regard lucide et attentif qui va permettre d'aller plus loin.

La première démarche consiste à se demander s'il est possible d'intervenir, de modifier la réalité, s'il est possible de soigner, de guérir, de trouver des pistes permettant de diminuer l'impact ou les conséquences du problème.

Juliette, venant de faire une mammographie de contrôle, reçut un coup de téléphone de son médecin qui voulait la revoir rapidement :

> « C'est un cancer », lui dit-il en lui montrant la radiographie. « Il faut vous opérer dès que possible. »

Juliette était atterrée !

> « Moi ! Pourquoi moi ? Je ne comprends pas ! Je me fais surveiller régulièrement ! »

Juliette vécut 48 heures très difficiles. Puis, regardant la réalité en face, acceptant ce qui est, elle a été opérée et, aujourd'hui, elle reçoit de la chimiothérapie. Elle dit :

> « J'ai un cancer, je vais faire tout ce qui est en mon pouvoir pour retrouver la santé ! »

Elle parle très ouvertement de sa situation avec ses amies et collègues. Elle assume ce qui est tout en croyant à la possibilité d'une guérison.

Il se peut que des métastases se développent et, à chaque fois, elle aura à faire face, à trouver des moyens et à accepter ce qui est.

Un jour peut-être, les traitements ne suffiront plus et elle s'entendra dire que les traitements possibles ont été épuisés, qu'il convient d'envisager les soins palliatifs. Là, à nouveau, ce sera un long chemin d'acceptation à parcourir pour faire face à ce qui est.

Accepter ce qui est, c'est une démarche qui a lieu dans le présent : ici, aujourd'hui, avec ce que je sais, ce que je ressens, je fais ce que je peux faire, j'assume ce que je peux assumer. Juste pour le moment, j'accepte ce qui est, d'instant en instant.

La sagesse populaire dit : « À chaque jour suffit sa peine », on pourrait dire : « À chaque minute suffit sa peine. » Juste ici et maintenant, je peux faire face. Juste dans cette minute, je peux accepter ce qui est et pour la suite, on verra !

Accepter ce qui est juste maintenant, c'est la seule démarche qui permet de vivre dans la plus grande paix possible.

Une femme me racontait comment elle avait failli s'effondrer lorsqu'elle avait appris l'homosexualité de son fils unique. À ce moment-là, elle avait senti le sol se dérober sous ses pieds. Elle voyait l'opprobre de l'entourage, l'absence de petits-enfants, elle qui espérait tant être grand-mère, la réaction de rejet du père du jeune homme qui était officier dans l'armée et les coupures de relations qui se produiraient dans la famille, l'incapacité de sa part à elle d'accepter l'ami de son fils, les difficultés professionnelles que connaîtrait son enfant.

Après quelques jours extraordinairement pénibles, cette femme prit conscience qu'elle anticipait, qu'elle se construisait des histoires qui, peut-être, ne se produiraient jamais. Avec lucidité, elle décida de revenir dans le présent. Que savait-elle ? Que son fils était homosexuel, c'était ce qu'il lui avait confié avec beaucoup d'émotion. Elle décida d'accepter cette information, « juste pour le moment », et de chasser de son esprit toutes les idées infondées qui tentaient de s'y infiltrer.

Petit à petit, en acceptant d'avancer jour après jour sans se créer de scénario « désastre », elle fut capable de se « faire à cette idée », d'accepter ce qui était. Elle apprit à connaître l'ami de son fils. Son mari n'eut pas du tout les réactions de rejet envisagées et cette épreuve ouvrit l'esprit de cette mère.

Cessant de se demander « Pourquoi ? Pourquoi moi ? », elle accepta de se demander : « Pour quoi ? » Comment pouvait-elle « utiliser » ce qui était arrivé, en faire quelque chose de positif ?

Elle se forma à la relation d'aide, devint répondante bénévole au téléphone d'une association qui soutient les parents d'homosexuels et il lui arrive fréquemment de rencontrer des pères et des mères désemparés, qu'elle comprend si bien et qu'elle peut aider afin qu'eux aussi parviennent à « accepter ce qui est » et à faire quelque chose de constructif de cette épreuve non désirée.

On peut, bien sûr, refuser ce qui est : rejeter, exclure, haïr, résister de toutes ses forces ! Malheureusement, ceci est incompatible avec la paix et la sérénité intérieures ! De surcroît, cela contribue à apporter plus de tension, de mal-être autour de soi.

Ainsi, accepter ce qui est dans le présent, c'est regarder avec lucidité, considérer tout ce qui peut être fait pour lutter « contre », pour guérir, pour réparer, pour modifier si c'est possible et, lorsque cela ne l'est pas, c'est aller doucement vers l'acceptation, voir comment faire une perle de ce grain de sable.

Chapitre 7

Accepter ce qui vient

C'est le propre de l'être humain que d'envisager le futur, de s'y projeter. Il peut ainsi faire des plans, prévoir, se donner des buts. Cette capacité remarquable peut aussi engendrer beaucoup d'anxiété et d'angoisse.

Ici et maintenant, il est possible de voir et d'accepter ce qui est. Dans un futur hypothétique, tout est possible, le pire et le meilleur. Il faut tant de confiance pour envisager le meilleur que la plupart des gens craignent « le pire ».

Chacun sait, pourtant, qu'on ne peut empêcher ni la mort, ni la vieillesse, ni les catastrophes, ni la plupart des maladies, ni les dégénérescences, ni les deuils.

Tous ces événements surviennent alors que nous ne les attendons pas. « Nous ne savons ni le jour, ni l'heure ! » Pourtant, nous vivons dans l'angoisse de ce qui pourrait se produire, nous nous « faisons du souci » ! Parfois, nous nous empêchons de vivre le présent, tant nous nous inquiétons de l'avenir.

Dans ce « ici et maintenant », on peut prévenir, se préparer, faire tout ce qui est possible pour construire un futur heureux et lâcher prise de ce qui ne peut être ni prévu, ni préparé.

C'est loin d'être facile, c'est pourtant la seule manière de jouir du présent.

Comme l'écrit le philosophe Ken Keyes : « J'ai tout ce qu'il me faut pour être heureux ici et maintenant sauf si je laisse ma conscience être dominée par un passé qui est mort et un futur qui est imaginaire. »

Il s'agit de se faire confiance :
« J'ai les capacités nécessaires pour faire face à ce que la vie tient en réserve pour moi, je me fais confiance. J'ai pu faire face jusqu'ici, je trouverai la force nécessaire concernant ce qui vient. »

Il s'agit de faire confiance aux autres :
« Je ne suis pas seul(e) au monde, ceux qui m'entourent ou qui m'entoureront sauront m'accompagner lorsque j'en aurai besoin. »

Il s'agit de faire confiance à Dieu ou à celui qui pour chacun de nous représente le Tout Autre. Nous ne sommes pas seuls, isolés, sans recours, ballottés comme un fétu de paille sur cette planète. Une force, une énergie de vie nous accompagne. Elle ne peut pas empêcher, ni supprimer les peines et les souffrances que nous sommes appelés à traverser, mais elle peut nous donner la capacité d'y faire face.

Chapitre 8

Accepter ce qui est dans la relation aux autres

Vivre ensemble, travailler ensemble, côtoyer pendant des années des personnes que l'on voudrait différentes, ce peut être une rude épreuve. Il y a toujours la possibilité de fuir, de divorcer, de déménager, de quitter son travail. Mais, parfois, ce n'est ni vraiment possible, ni souhaitable. Vient alors l'interrogation : *Comment accepter ce qui est ? Comment accepter que cette personne, qui est membre de ma famille ou que je suis appelé à côtoyer, présente des caractéristiques si pénibles à supporter pour moi ?*

Comment accepter que celui ou celle que j'ai aimé(e), peut-être épousé(e), soit devenu(e) ce qu'il (elle) est ? Comment accepter que la maladie, la détérioration l'aient modifié(e) à ce point ?

Marianne est mère d'une jeune femme de 24 ans, Sarah, qui est schizophrène. Depuis cinq ans maintenant, sa fille a été hospitalisée à de nombreuses reprises. Elle n'a pas pu terminer ses études alors qu'elle était brillante. Elle n'a pas pu garder des relations positives qu'elle entretenait avec quelques amies. Elle entend des voix, elle a tendance à se négliger et à s'enfermer dans sa chambre.

Pendant deux à trois ans, Marianne n'a pas pu accepter la réalité. Elle se sentait coupable. Qu'avait-elle raté dans l'éducation de Sarah ? Tout cela, était-ce de sa faute ? Avait-elle transmis de mauvais gènes à sa fille ?

Marianne oscillait entre espoir et désespoir : sa fille schizophrène… non, cela ne pouvait pas être vrai ! Ces trois années furent un enfer. Sarah rentrait chez ses parents entre les hospitalisations. Elle avait parfois des crises violentes qui perturbaient toute la famille.

Petit à petit, aidée par un moine bouddhiste, Marianne put avancer vers l'acceptation de ce qui est. Elle prit conscience que sa résistance à ce qui était avait une influence sur Sarah, que sa tension intérieure ajoutait du mal-être à toute la famille. Doucement, et parfois difficilement, Marianne apprit à faire face à la réalité, à accepter ce qui était.

Au lieu de laisser monter en elle la colère, la tristesse et l'exaspération quand Sarah allait mal, elle développa la capacité de se recentrer, d'inspirer profondément, de ressentir le calme et d'expirer de la paix :

« J'inspire, je sens le calme entrer en moi, j'expire, je répands la paix autour de moi. »

Lorsqu'elle fait ce simple exercice, Marianne est capable de rester dans le calme et, tout en acceptant ce qui est, de trouver les meilleures stratégies pour faire face à ce qui se produit.

Dernièrement, elle a même accepté que Sarah aille habiter dans un foyer protégé avec d'autres personnes atteintes dans leur santé mentale. Ainsi, Marianne, son mari et ses deux jeunes fils ont pu reprendre une vie de qualité et, lorsqu'elle voit sa fille, Marianne est calme, détendue, sans attente démesurée concernant Sarah, ce qui facilite énormément les contacts.

Ce n'est pas toujours la maladie qui rend les relations difficiles, il peut aussi s'agir de modifications qui ont lieu au sein du couple.

Par exemple :

Hélène, qui a 45 ans, a vécu trente ans avec son mari. Le couple a eu deux enfants qui sont eux-mêmes mariés. Hélène vivait une vie comblée de grand-maman, offrant ses services comme bénévole à la Croix-Rouge, assumant l'entretien de la maison, les repas et la vie quotidienne. Elle attendait avec plaisir la possibilité qu'avait son mari de prendre sa retraite à 60 ans.

Un jour, comme un coup de tonnerre dans le ciel bleu, son mari lui annonça qu'il désirait une séparation, qu'il aimait une autre femme, sa secrétaire (de vingt ans plus jeune que lui), et qu'il voulait vivre avec elle.

Tout s'écroulait pour Hélène, elle ne pouvait imaginer vivre sans son mari, elle l'aimait, elle ne comprenait pas comment une telle chose pouvait se produire. Elle avait pris tant de soin à rester « mignonne et soignée » pour son mari, disait-elle. Mais voilà c'était arrivé ! Son mari lui préférait quelqu'un d'autre.

Grâce à une très bonne relation avec son médecin traitant, Hélène évita de tomber dans la dépression. Elle resta dans la révolte et la colère pour de longs mois, puis, lentement, elle parvint à accepter ce qui était et à voir ce qu'elle pouvait faire là au milieu du chaos.

Bien conseillée par un avocat, elle put obtenir un revenu lui permettant de continuer à vivre confortablement. Elle s'investit plus encore dans le bénévolat et dans son rôle de grand-mère.

Aujourd'hui, elle ressent encore parfois des vagues d'amertume, mais elle sait les éloigner pour revenir à l'acceptation de ce qui est, à la paix de l'esprit et à la jouissance de l'instant présent.

Pour Claude, l'histoire est encore différente.

Lui et son épouse coulaient des jours heureux. La septantaine alerte, ils jouissaient de leur retraite. Claude s'était bien rendu compte que Josiane, son épouse, oubliait souvent des noms de lieux, de personnes, qu'elle s'irritait facilement, l'accusait parfois d'avoir déplacé des objets qu'elle ne trouvait plus.

Un beau jour de vacances au bord de la mer, ils avaient acheté des cartes postales, Claude avait écrit les messages et il demanda ensuite à Josiane de les signer. « Signe ici », lui dit-il. Sur chaque carte, Josiane avait écrit : « Signe ici. »

Claude réalisa enfin que c'était plus grave qu'il n'avait voulu se l'avouer, qu'il fallait maintenant consulter et faire poser un diagnostic. À la consultation psychogériatrique, c'est bien celui de « démence d'Alzheimer » qui fut posé.

Malgré un traitement médicamenteux, l'état de Josiane se dégradait. Claude ne pouvait accepter cette dégradation, il tentait par tous les moyens de renforcer la mémoire de Josiane, lui répétant des phrases qu'elle devait retenir, l'encourageant, la stimulant.

Malheureusement, son état de tension intérieure, sa révolte, tout cela semblait affecter négativement Josiane.

La fatigue, les nuits perturbées amenèrent Claude à accepter l'institutionnalisation de son épouse. Il allait la voir tous les jours et souffrait énormément de voir la progression de sa maladie. Il se souvenait de ce qu'elle avait été, de son intelligence, de son immense culture, de sa bienveillance. Il eut à vivre un processus de deuil, qu'on nomme deuil blanc. Bien que son épouse soit encore vivante, il avait à faire le deuil de sa présence à ses côtés, de la relation qu'ils avaient, de sa place dans le couple, de la communion d'esprit qu'ils entretenaient et de tant d'autres choses. Chaque semaine, il avait l'impression que Josiane s'éloignait de lui et du monde des vivants.

Un jour pourtant, il réalisa qu'il pouvait accepter ce qui était. Il avait perdu la femme qu'il avait épousée et aimée pour toutes les qualités qu'elle avait. Il pouvait maintenant inventer une autre relation différente, peut-être moins intense avec Josiane, telle que la maladie l'avait modifiée.

Josiane vit toujours, depuis cinq ans maintenant, dans une institution spécialisée. Claude va la voir deux fois par semaine. Elle ne le reconnaît pas, mais il a besoin de maintenir cette relation.

Claude a pu réorganiser sa vie, il a une amie avec qui il peut faire des ballades et partager des repas. Il se rend régulièrement dans un club d'aînés où il apprécie les activités organisées. Il regarde en face la réalité qui est la sienne, il accepte ce qui est.

Dans les trois exemples ci-dessus, le cheminement vers l'acceptation « de ce qui est » a permis à Claude, Marianne et Hélène de continuer à vivre aussi pleinement que possible, au lieu de rester dans l'amertume, la révolte, la dépression, le désespoir. Chacun d'eux a trouvé des moyens de choisir l'acceptation plutôt que le désespoir.

Ils sont arrivés aux conclusions auxquelles ont aussi abouti des millions de gens à travers le monde :

- on ne peut pas changer l'autre ;
- on ne peut pas vivre la vie de l'autre ;
- on ne peut pas protéger l'autre (adulte) contre son gré ;
- lorsqu'on a accepté ce qui est, on peut alors poser des limites claires, se protéger, trouver des solutions créatives.

L'autre est autre et je ne peux changer que moi-même !

Arriver à accepter que l'autre est autre et que je ne peux changer que moi-même, c'est avoir fait un grand pas vers l'essentiel et vers la sérénité comme l'illustre si bien l'histoire suivante.

Dans une contrée reculée, la sécheresse régnait depuis plusieurs années. Les enfants et les vieillards mouraient. Le chef de la tribu décida de faire venir le plus grand sorcier de tout le pays afin qu'il fasse des incantations et que la pluie tombe.

Celui-ci accepta de se rendre dans cette région éloignée. Lorsqu'il fut arrivé, il demanda qu'on lui construise une petite hutte et ensuite qu'on le laisse seul dedans. À la fin de la deuxième journée, le chef de la tribu s'impatientait :

> « Mais que fait donc ce sorcier ? Se moque-t-il de nous ? »

Le matin du troisième jour, le sorcier sortit de la hutte et, peu après, les nuages s'amoncelèrent dans le ciel. Enfin, il plut comme il n'avait pas plu depuis plusieurs années !

Le chef était intrigué, il prit son courage à deux mains et demanda au grand sorcier :

« Comment avez-vous fait cela, nous n'avons entendu aucune incantation ?
— En effet, je n'ai pas imploré les dieux ou les forces de la nature. J'ai médité longuement et je me suis mis en ordre à l'intérieur de moi. Lorsque moi, je suis en ordre, que je suis en harmonie, alors le monde autour de moi s'harmonise aussi. Ainsi, la pluie est tombée parce que l'harmonie est rétablie. »

Cette métaphore est intéressante parce qu'elle nous rappelle l'importance de créer l'harmonie à l'intérieur de soi avant de maudire le manque d'harmonie chez les autres.

Bien vivre avec les autres, c'est changer de programmation mentale, c'est accepter ce qui est, comme nous l'avons vu. Le philosophe américain, Ken Keyes l'a magistralement expliqué : pour lui, *accepter les autres et les événements de la vie, c'est passer de ce qu'il nomme les « demandes exigeantes » aux préférences.*

Admettons qu'une personne que j'attends à un endroit donné arrive avec 45 minutes de retard. Je peux devenir terriblement irrité, en colère, parce que *j'attends, j'exige* que ceux avec lesquels j'ai rendez-vous soient là à l'heure. Leur retard m'est insupportable et, au moment où ils arrivent, je suis si tendu et perturbé que je leur exprime ma colère d'une manière très forte.

En réalité, j'ai créé cette tension, cette réaction en moi. Je me suis montré incapable d'accepter calmement la réalité : un retard de 45 minutes.

Si au contraire, j'opte pour *l'attitude des « préférences »*, il est certain que j'*aurais préféré* ne pas attendre 45 minutes dans le froid, mais je peux imaginer que quelque chose a retardé mon ami ou mon proche et qu'il n'a pas pu me contacter, et je reste calme, centré, capable de trouver des options.

Prenons un autre exemple :

Monsieur Paul avait organisé le repas de fiançailles de son fils et de sa future belle-fille. Les deux familles étaient réunies dans un restaurant réputé. Les neuf convives avaient passé commande. C'était samedi, une belle journée d'automne. Bien qu'un peu intimidé, chacun se montrait sous son meilleur jour, engageait la conversation et tentait de faire connaissance. On en était à l'apéritif et le temps passait.

Monsieur Paul était impatient, il avait déjà demandé à deux reprises d'avoir la suite du repas. Maintenant, il allait vers le serveur et le ton montait :

> « J'exige que nous soyons servis immédiatement. Si dans dix minutes, les repas ne sont pas servis, nous nous en allons. »

Dix minutes plus tard, les convives gênés et contrariés rassemblaient leurs effets pour suivre Monsieur Paul qui téléphonait tout en quittant le restaurant pour trouver une autre possibilité de faire ce « repas de fiançailles ».

Les parents de la jeune fille étaient très perturbés par cet événement, chacun tentait de garder un sourire forcé.

Cette situation est un exemple très clair de tous les effets négatifs des attentes exigeantes vis-à-vis des autres. Elles créent des ruptures, du mal-être, des souffrances inutiles.

Monsieur Paul pouvait « préférer » d'être servi rapidement. Il aurait simplement fallu qu'il informe le restaurateur de ses désirs et qu'il négocie avec lui. Il aurait pu chercher à connaître l'avis de ses convives. Tout cela, il ne l'a pas fait car il vit ses relations avec les autres sur la base des « attentes exigeantes » au lieu des préférences et, de ce fait, il vit souvent dans le conflit plutôt que dans la paix et la sérénité parce qu'il ne peut pas accepter ce qui est.

Ce n'est pas l'autre, c'est moi qui vis bien ou mal une situation donnée, c'est moi et uniquement moi qui peut choisir d'être dans la demande exigeante et de souffrir lorsque je n'obtiens pas ce que je veux ou d'être dans la préférence vis-à-vis de l'autre et de son comportement, et ainsi, de garder en moi et de répandre autour de moi la paix et la sérénité en acceptant ce qui est.

Chapitre 9

Des moyens

Dans de nombreuses traditions, la conscience de « ce qui est », est décrite comme un champ dans lequel toutes sortes de graines sont plantées. La qualité de la vie dépend du choix de ces graines.

Lorsque les graines d'acceptation poussen dans le champ de la conscience, elles favorisent la paix intérieure et la sérénité.

Cependant, il est utile de bien comprendre cette notion « d'acceptation » :

- Accepter ce qui est ne veut pas dire forcément « aimer ce qui est » ou « le désirer ».
- Accepter ce qui est ne signifie pas « rester passif face aux événements », on peut accepter une situation parce qu'elle fait partie de la réalité du moment, tout en cherchant activement à la modifier.
- Accepter ce qui est signifie simplement cesser de se torturer l'esprit en cherchant à comprendre pourquoi c'est arrivé.
- Accepter ce qui est c'est savoir, bien sûr, que l'on préférerait que les choses soient autres, et malgré cela, renoncer

à la colère, à la peur, à la résistance inutile face à ce qui est.

Ce changement de l'expérience émotionnelle permet de vivre pleinement sa vie. Y parvenir ne va pas de soi, c'est un chemin de croissance à parcourir pas à pas à l'aide, par exemple, .elques moyens qui suivent.

.a respiration

La répétition de ces mots couplés aux inspirations et aux expirations peut être d'une grande aide dans certaines circonstances.

La visualisation

Au cœur des situations difficiles, la visualisation peut être un moyen de cheminer vers une acceptation de ce qui est.

Visualiser, c'est, en état de détente, créer une image mentale dont le but est « d'installer » un état mental désiré ou de favoriser l'atteinte d'un but.

Lorsqu'un événement pénible se produit, on peut avoir l'impression d'être englouti ou de devenir fou, le sommeil fuit et les idées les plus diverses tournoient sans pouvoir s'arrêter.

La visualisation est utile dans ces moments-là.

Quelques pistes

Asseyez-vous confortablement ou étendez-vous. Si cela vous est agréable et si c'est possible, mettez une musique douce à faible volume, par exemple une composition de Michel Pépé : Terre céleste ou Présence de l'ange.

Centrez-vous sur votre respiration, faites l'exercice décrit plus haut. Ensuite, laissez vos yeux se fermer et imaginez qu'une boule de lumière douce de la nature que vous voulez, selon vos croyances, est là au-dessus du sommet de votre tête.

Tout doucement, avec votre consentement, elle entre dans votre tête transformant toutes les pensées de crainte, de tristesse, de colère en lumière bienfaisante. Au bout de quelques instants, il n'y a plus que de la lumière dans votre tête et un sentiment de paix commence à s'établir en vous.

Petit à petit, tout votre thorax va s'ouvrir à cette lumière, votre cœur se calme. Puis, tout doucement, c'est chaque partie de votre corps qui accueille cette lumière jusqu'à ce que tout votre être soit lumineux, paisible, libéré de ses tensions.

Quand vous prenez conscience de cette transformation, à votre rythme, en prenant le temps nécessaire, vous pouvez bouger vos doigts, vos orteils et revenir à vos occupations, avec une capacité augmentée de faire face à ce qui est et à ce qui vient.

Partager son vécu et ses émotions

« Parler, se confier, ça fait du bien », tout le monde est d'accord là-dessus. Encore faut-il trouver le bon interlocuteur !

Pour pouvoir accepter ce qui est, il est souvent utile de trouver un vrai ami ou un proche capable d'écouter sans chercher à donner des conseils ou à offrir ses commentaires. Ce n'est pas toujours facile à trouver, c'est pourquoi le recours à un professionnel, praticien en relation d'aide, psychothérapeute ou ecclésiastique, peut être nécessaire.

Écrire ce que l'on ressent

Certaines personnes préfèrent l'écriture à la parole. Selon des chercheurs en Sciences humaines, cela peut être une solution tout à fait satisfaisante et libératrice. Il s'agit d'écrire une lettre à ceux ou celles qui sont censés être à l'origine du problème, de leur écrire sans aucune censure tout ce qui vient, puis, lorsqu'on a terminé, de brûler cette lettre.

On peut aussi écrire à une personne qui est décédée et même à Dieu, si c'est à Lui qu'on attribue la responsabilité de la situation.

Dessiner, peindre ses émotions

Donner une couleur à sa colère, à sa tristesse, à sa peur, leur donner une forme, c'est parfois mieux les vivre et mieux les dépasser.

Il suffit de papiers et de crayons de couleur ou de peinture.

Ces expressions picturales peuvent aussi être brûlées si on le désire. On peut ensuite recueillir les cendres et aller les enterrer quelque part dans la nature. On peut aussi semer ou planter des fleurs à cet endroit : une touffe de primevères, de pensées, de dahlias ou de chrysanthèmes, selon la saison.

Ceci peut aussi être fait avec les cendres des lettres brûlées.

Ces rituels qui peuvent paraître étranges à nos esprits rationnels sont en fait d'une très grande aide pour ceux qui cheminent vers l'acceptation de ce qui est.

D'autres rituels

Lorsque la révolte revient, que la colère réapparaît et qu'à nouveau, on est tenté de refuser la réalité, certains moyens peuvent aider :

- Prendre un bain avec des sels parfumés et imaginer que toutes les résistances « à ce qui est » sont en train de fondre dans l'eau de ce bain.
- S'acheter un nouveau parfum que l'on aime particulièrement et s'en parfumer lorsqu'on sent la révolte et la résistance « à ce qui est » reprendre du terrain. Portant cette odeur appréciée, on revient

au calme et à l'acceptation « de ce qui est ».

- Brûler de l'encens, diffuser une huile aromatique.
- Écouter une musique qui fait du bien.
- Surtout, méditer et prier en relation avec ses croyances personnelles.

  Méditer, cela peut être fait très simplement en s'asseyant le dos droit, en devenant conscient de sa respiration, sans la modifier et en répétant un mot sur l'inspiration et sur l'expiration comme le mot « paix » ou qu'on divise entre l'inspiration et l'expiration comme : « Sha… lom » ou « calme… profond ».

  Au bout de 10 à 15 minutes, le bouillonnement intérieur se calme et on peut reprendre le chemin vers l'acceptation « de ce qui est ».
- On peut encore se tricoter, se crocheter ou se procurer un châle de laine très douce, blanc ou mauve, dont on s'entoure uniquement durant les moments de méditation ou de prière. Ainsi, l'être tout entier réalise qu'on est en train d'entrer dans un moment « spécial » et bienfaisant.

Conclusion

Accepter ce qui est, c'est faire preuve de lucidité, c'est se « réveiller », devenir conscient, et considérer la réalité telle qu'elle est. C'est se désencombrer de ses programmations mentales, de ses croyances erronées, de ses œillères.

Accepter ce qui est, c'est chercher à voir comment faire face, c'est chercher – et trouver – des moyens d'améliorer la situation et surtout d'en faire quelque chose de positif toutes les fois que c'est possible. C'est cesser de demander pourquoi ? pourquoi moi ? pour tenter de trouver « pour quoi ? » – pour en faire quoi !

Accepter ce qui est, c'est parfois n'avoir pas d'autre choix que de faire le deuil de ce qui était, de ce qui aurait pu être, de ce qui aurait dû être, pour vivre aussi pleinement que possible la réalité de l'instant présent et tenter de lui donner du sens.

Accepter ce qui est, c'est choisir de renoncer à la révolte, à la culpabilité, à la rancune, à la haine et à l'indifférence. En d'autres termes, c'est vivre debout dans toute sa dignité d'être humain.

Notre seule ambition au terme de ce petit livre, c'est d'avoir apporté quelques pistes, quelques idées à tous ceux qui désirent vivre pleinement leur destin d'êtres humains libres et responsables, en développant en eux la capacité d'*accepter ce qui est*, prélude indispensable à toute croissance personnelle, à toute recherche de solution, à toute paix intérieure.

Bibliographie

Tal Ben-Shahar, *L'apprentissage du bonheur,* Belfond, 2008.

Tara Brach, *L'acceptation radicale,* Belfond, 2016.

Edelmann Éric, *Éclairs d'éternité*, Gallimard, 1990.

Gaboury Placide, *La fidélité à soi*, Les éditions de l'homme, 2016.

Kabat-Zinn Jon, *Où tu vas, tu es*, J'ai lu, 2013.

Keyes Ken, *Manuel pour une conscience supérieure*, Gondor, 2003.

McGowen Roger et Pradervand Pierre, *Messages de vie : un condamné à mort témoigne*, Éditions Jouvence, 2003.

Mello Anthony de, *Quand la conscience s'éveille*, Albin Michel, 2002.

Dépôt légal : janvier 2021
Achevé d'imprimer en octobre 2021
Imprimé en France par Laballery
N° d'impression : 110344